질문하는 아이가 바로 영재입니다

영재라고 하면 특별한 능력을 가진 우수한 아이라고 생각하시는 경우가 많습니다. 뛰어난 암기력과 기억력, 순발력과 집중력을 소유한 아이들을 영재라고 부르겠거니 생각하십니다. 하지만 그렇게 따지면 20세기, 인류 문명의 지각 변동을 일으킨 위대한 과학자 아인슈타인은 둔재 중에서도 엄청난 둔재에 속합니다.

영재는 생각하는 방법과 크기가 다른 아이입니다. 너무 막연하시다구요? 좀 더 구체적으로 설명하자면 '왜 그럴까?', '꼭 그래야만 할까?' 와 같은 **질문이 생활화 된 아이가 바로 영재입니다**. 스스로 자기의 생각의 크기를 키워나가는 아이, 막힐수록 더욱 성취동기가 불타 올라 꼭 알아내고야 직성이 풀리는 아이, 선생님이 불러주는 대로 받아쓰기만 하는 아이가 아니라 선생님 이야기에서 **생각의 실마리를 얻어 끊임없이 질문하고 생각하는 아이**야말로 진정한 영재입니다.

2000학년도 〈서울대학교〉 공대의 구술 시험에 '난파선에서 마지막 남은 구명조끼를 발견한다면 남을 주겠는가? 자기가 쓰겠는가?' 라는 문제가 출제되었습니다. 이 때 아이들은 한결같이 '**남을 주겠다**' 라고 답했다고 합니다. 단지 그렇게 답하는 것이 점수를 얻는데 유리할 것 같다는 판단 때문에 '나는 정말 줄 수 있을까?', '무조건적인 희생만이 진리일까?' 하고 스스로에게 한번 물어보는 것조차 힘들었던 것이지요.

처음에는 초라하거나 우스운 질문들이 제대로 뼈대를 잡으면 사람들이 감탄을 자아내는 아이디어가 되고, 그것이 결국은 이 세상을 바꿉니다. 아이들의 창의적인 생각이 반드시 이 세상을 바꿀 것이라는 믿음으로 부족하게나마 3단계를 끝냅니다. 변함 없는 성원에 머리 숙여 감사드립니다.

지은이 **서울대 국어교육학 박사 박학천**

바깔로레아 국어논술
교과서와 논술의 통쾌한 만남

- 국어 사회 과학 + 독서 논술 토론 통합 프로그램입니다.
- 쉽고 부담 없는 자료를 편하게 따라만 가면 저절로 사고력, 독해력, 이해력이 자라는 검증된 프로그램입니다.

단원별 학습 목표 및 구성

week 01 발상사고혁명
실질적인 〈발상·사고〉 훈련
- 고정 관념을 깨고, 개성적인 사고를 기릅니다.
- 스스로 질문하고 비판하는 시각과 자세를 기릅니다.

week 02 교과서 논술 01
〈국어 능력〉 심화 학습
- 국어 교과서 선행 학습으로 단원의 핵심을 이해합니다.
- 수행평가, 논술형 문항으로 국어과 학습 능력을 키웁니다.

※ 교과서 활용 : 『말하기·듣기』 / 『읽기』

week 03 독서 클리닉
실질적인 〈읽기 능력〉 향상 훈련
- 억지로 읽기보다는 읽는 맛과 재미를 알려 줍니다.
- 비판적 읽기, 개성적 읽기로 글을 보는 안목을 키웁니다.

week 04 교과서 논술 02
〈국어 능력〉 심화 학습
- 국어 교과서 선행 학습으로 단원의 핵심을 이해합니다.
- 수행평가, 논술형 문항으로 국어과 학습 능력을 키웁니다.

※ 교과서 활용 : 『말하기·듣기』 / 『읽기』

병아리도 날 수 있다!

week 05
영재 클리닉 01

사회 교과서를 활용한 영재 심화 학습
- 통합 교과 시대를 대비, 사회과 학습 테마를 논술로 연결시켜 쉽고 재미있게 초중고 학습 과정의 주요 주제와 쟁점을 알려 줍니다.

※ 교과서 활용 : 『바른 생활』 / 『사회』

week 06
교과서 논술 03

〈국어 능력〉 심화 학습
- 국어 교과서 선행 학습으로 단원의 핵심을 이해합니다.
- 수행평가, 논술형 문항으로 국어과 학습 능력을 키웁니다.

※ 교과서 활용 : 『말하기·듣기』 / 『읽기』

week 07
영재 클리닉 02

과학 교과서를 활용한 영재 심화 학습
- 통합 교과 시대를 대비, 과학과 학습 테마를 논술로 연결시켜 쉽고 재미있게 초중고 학습 과정의 주요 주제와 쟁점을 알려 줍니다.

※ 교과서 활용 : 『슬기로운 생활』 / 『과학』

week 08
논술 클리닉

『쓰기』 교과서를 활용한 논술 훈련!
- 쓰기 교과서로 쓰기 학습 능력을 키운 후, 생활문에서 본격 논술까지 자신 있게 자신의 견해를 글로 표현하도록 유도합니다.

※ 교과서 활용 : 『쓰기』

차례

발상사고혁명	돼지에 대한 편견을 버려!	05
교과서 논술 01	무엇을 찾을까요	15
독서 클리닉	용감한 강감찬 장군	25
교과서 논술 02	내 생각 어때요	35
영재 클리닉 01	신나는 여름 방학	45
교과서 논술 03	상상의 나라로 떠나요	53
영재 클리닉 02	태양은 중요해요	63
논술 클리닉	내 생각을 들어 봐	71

책 속의 책 | **GUIDE & 가능한 답변들**

돼지에 대한 편견을 버려!

버리라구!

이 사진 속의 돼지는 어떤 표정을 하고 있는지 여러분의 느낌을 말해 보세요.

본질적 사고를 갖자
돼지에 대한 편견을 버려!

01 이런 사람이 떠올라요

※ 다음 사진을 보고 물음에 답하세요.

	개	고양이	코끼리
	뱀	곰	햄스터

1 이 사진속의 동물을 보고 떠오르는 느낌과 사람을 써 보세요.

	이런 느낌이 들어요	이 사람이 떠올라요
개		
고양이		
코끼리		
뱀		
곰		
햄스터		

2 1번에서 적은 것 중 한 가지를 선택하여 그 사람이 왜 떠올랐는지 이유를 말해 보세요.

3 나와 가장 어울리는 동물을 곰곰이 생각해 보고, 이유를 써 보세요.

나와 가장 잘 어울리는 동물은 _____ (이)예요.

왜냐하면 _____

4 나와 닮은 동물을 그림으로 그려 보세요.

02 이 동물이 떠올라요

1 다음 그림을 보고 떠오르는 동물을 써 보세요.

①
키가 너무 커요.

②
노래를 너무 잘해요.

③
선생님께서 화나셨어요.

④
엄마께서 화나셨어요.

⑤
달리기를 잘해요.

⑥
나보다 뚱뚱해요.

2 1번 문제에서 두 가지를 선택하여, 왜 그 동물이 떠올랐는지 이유를 써 보세요.

- _____ 를 보고, _____ 가(이) 떠올랐어요.

  왜냐하면 _____

- _____ 를 보고, _____ 가(이) 떠올랐어요.

  왜냐하면 _____

3 다른 사람이 나를 동물에 비유하여 말했을 때 기분이 어떤가요? 어떤 동물을 비유하여 말할 때 기분이 좋고, 나쁜지 생각해 보세요.

- 기분이 좋은 동물 : _____

  이유 : _____

- 기분이 나쁜 동물 : _____

  이유 : _____

03 돼지라고 놀리지 마!

※ 다음 그림을 보고 물음에 답하세요.

1 수영이는 왜 기분이 나빴을까요?

2 돼지라고 놀리면 왜 기분이 나쁜 것일까요?

3 돼지를 떠올리면 어떤 생각이 드는지 생각나는대로 써 보세요.

※ 다음 그림을 보고 물음에 답하세요.

4 이 그림에서 돼지들은 사람을 어떻다고 생각하고 있나요?

5 돼지들이 정말 사람을 나쁘다고 한다면 여러분의 기분은 어떨지 써 보세요.

04 돼지가 좋아요

※ 다음 그림을 보고 물음에 답하세요.

1 이 그림을 보고 ①～②번의 그림을 보고 그 내용을 설명해 보세요.

2 '돼지'라는 말로 놀릴 때와 돼지꿈을 꾸고 복권을 사러 갈 때의 돼지에 대한 생각은 어떻게 다른가요?

- '돼지'라고 부르며 놀릴 때

- '돼지'를 생각하며 복권을 살 때

3 돼지에 대한 생각이 어떻게 바뀌었는지 친구들의 생각과 비교해서 말해 보세요.

4 사람들을 동물과 비교하는 이유는 무엇일까요?

잠깐! 돼지도 깨끗해요!

여러분은 '돼지'를 떠올리면 무엇이 생각나지요?
대부분의 사람들은 돼지가 뚱뚱하다, 못생겼다, 미련하다, 더럽다고 대답할 거예요.
그런데 돼지를 그렇게 만든 것은 바로 사람들이에요.
사람들이 돼지의 살을 많이 찌워서 음식으로 만들어 먹었기 때문이에요.
야생에서 사는 멧돼지를 보세요. 사람이 쫓아가서 잡을 수 없을 만큼 빠르고 힘도 세며, 날렵하면서 깨끗하답니다.
돼지가 사는 곳은 항상 축축하고 더럽죠?
돼지는 땀샘이 발달하지 못했어요. 그래서 몸 안의 모든 수분을 소변으로 배설해야 한답니다.
돼지에게도 애완견처럼 배설하는 장소를 따로 만들어 주면 배설물이 있는 곳의 냄새를 맡고 그 장소에서만 배설하며, 누울 곳은 항상 깨끗하게 유지한답니다.
그런데 좁은 곳에 많은 돼지를 모아 넣어 두었으니 돼지가 어떻게 깨끗할 수가 있겠어요.
그러니까 돼지가 더러운 것은 사람들이 그렇게 만든 것이지 사실은 소나 닭보다 더 깨끗한 동물이랍니다.

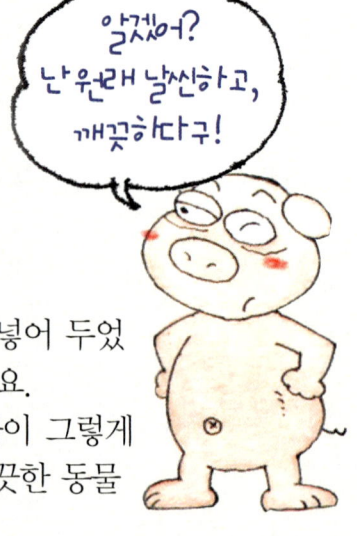

무엇을 찾을까요

『말하기·듣기』·『읽기』 — 둘째 마당 (1)「소중한 말과 글」 (2)「찾아서 배우는 우리」

안내 방송을 들어 보아요

말하기 　듣기　교서 20~25쪽 | 학습 목표 : 듣기의 중요성을 알고 주의 깊게 들어 봅니다.

※ 다음 글을 듣고 물음에 답하세요.

내용풀이

*글의 특징 원숭이 공연을 알리는 안내 방송입니다.

낱말풀이

❶ 공연 : 공개된 자리에서 무용이나 음악, 연극을 하는 것
❷ 추억 : 지나간 일을 돌이켜 생각하는 것

　오늘도 저희 동물원을 찾아 주신 방문객 여러분께 감사합니다. 잠시 후 3시부터 저희 동물원의 자랑인 원숭이 공연이 시작됩니다. 원숭이 공연은 분수대 옆에 있는 무대 앞에서 펼쳐지오니 많이 오셔서 즐겁게 구경하시기 바랍니다.
　원숭이 공연이 끝난 뒤에 집으로 돌아가실 분은 코끼리 열차를 이용하시기 바랍니다. 코끼리 열차는 버스 정류장까지 여러분을 안전하게 모셔 드릴 것입니다.
　저희 동물원에서 즐거운 하루를 보내시고 좋은 추억을 많이 만들어 가시기 바랍니다. 감사합니다.

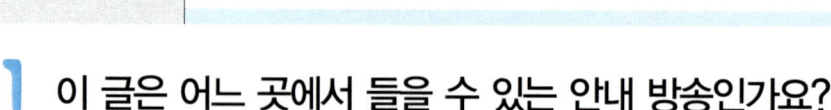

1 이 글은 어느 곳에서 들을 수 있는 안내 방송인가요?

　

2 무엇을 안내하고 있나요?

　

3 원숭이 공연이 열리는 장소는 어디인가요?

※ 선생님께서 들려주시는 이야기를 듣고, 물음에 답하세요.

1 상인은 젊은이에게 왜 다이아몬드를 팔라고 하였나요?

_____

2 젊은이는 왜 다이아몬드를 팔 수 없다고 하였나요?

_____

3 상인은 왜 젊은이의 말을 듣고 그냥 돌아갔나요?

_____

4 들은 내용을 간단하게 요약해서 써 보세요.

_____

_____

_____

내 눈으로 보는 교과서 02 | 우리에게 정보를 줘요

읽기 교과서 32~41쪽 | 학습 목표 : 안내하는 글을 통해 읽기의 중요성에 대해 알아봅니다.

※ 다음 글을 읽고 물음에 답하세요.

* 글의 종류 생활문
* 중심 글감 안내판, 설명서

❶ 전통 : 오래 전부터 전해 내려오는 행동이나 생각, 습관
❷ 혼례식 : 결혼식
❸ 설치 : 필요한 기계나 물건을 마련한 것

① 연희는 고모와 함께 민속촌에 갔습니다. 민속촌 입구에는 안내판이 있었습니다.
"전통 혼례식을 보려면 두 시에 전통 가옥으로 가야겠군."
고모께서 ㉠ 을 보며 말씀하셨습니다.

② 연희네는 오늘 세탁기를 새로 샀습니다. 세탁기를 설치하고 나서 아버지께서 무엇인가를 꺼내 읽으셨습니다.
"아빠, 뭐예요?"
" ㉡ 란다. 물건을 사면 설명서를 자세히 읽어 보아야 한단다. 그래야 바르게 사용할 수 있지."

1 ㉠과 ㉡에 들어갈 말을 써 보세요.

㉠ - (　　　　　　)　　㉡ - (　　　　　　)

2 ㉠과 ㉡을 보고 알게 된 것은 무엇인가요?

㉠ - _____

㉡ - _____

※ 다음 글을 읽고 물음에 답하세요.

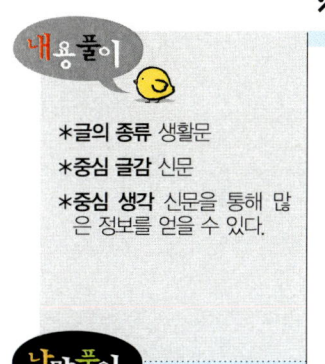

*글의 종류 생활문
*중심 글감 신문
*중심 생각 신문을 통해 많은 정보를 얻을 수 있다.

❶ 동화 : 어린이에게 들려주거나 읽히기 위한 것
❷ 구연 : 여러 사람 앞에서 말로써 연기하는 일

연희네 학교에서는 한 달에 한 번 학교 신문을 만듭니다. 신문에는 그 달의 행사와 친구들 소식이 실려 있습니다. 그리고 읽어 볼 만한 여러 가지 책도 소개되어 있습니다.

연희는 학교 신문을 보고, 다음 주에 동화 구연 대회가 열린다는 것을 알게 되었습니다.

연희는 열심히 연습하여 대회에 꼭 나가겠다고 생각하였습니다.

3 연희는 학교 신문을 보고 무엇을 알 수 있었나요?

4 신문을 보고 우리가 알 수 있는 것들은 또 무엇이 있는지 써 보세요.

신문을 보면 _____

_____ 알 수 있어요.

5 최근에 여러분이 보았던 신문 기사 중에 기억에 남는 기사를 생각해 보고, 왜 기억에 남는지 이유를 말해 보세요.

※〈보기〉와 같이 빈 곳에 알맞게 써 보세요.

| 보기 |

이것은 __신문 기사__ 예요.

다양한 정보를 얻을 수 있어요.

1 이것은 _____ 이에요.

2 이것은 _____ 이에요.

종이 접기를 해 보아요

읽기 교과서 54쪽 | 학습 목표 : 알게 된 내용을 정리할 수 있습니다.

※ 순서에 따라 돼지를 접어 보고 물음에 답하세요.

①  정사각형의 색종이를 반으로 접었다 편 다음, 가운데 선에 맞추어 다시 접는다.

②  ①번의 양쪽 끝을 점선에 맞추어 네 끝을 접고 다시 벌린다.

③  ②번과 같이 접은 선에 맞추어 벌려서 삼각형의 모양으로 눌러 바깥쪽으로 접는다.

④ 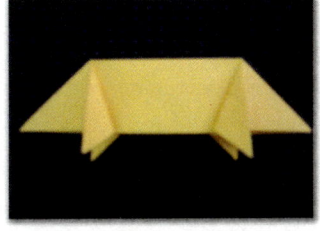 ③번을 반으로 접은 후 앞과 뒤를 모두 내려접는다.

⑤  양끝을 안으로 접어 넣은 후 눈을 그리면 돼지가 완성된다.

1 주어진 순서에 따라 종이 접기를 했더니 쉬웠는지 어려웠는지 선생님께 이야기해 보고, 그 이유를 말해 보세요.

선생님 저는요,

왜냐하면

2 돼지를 접는 방법을 모르는 친구에게 설명하는 글을 써 보세요.

〈내가 접은 돼지를 이곳에 붙여요〉

※ 다음 글을 읽고 물음에 답하세요.

무궁화 꽃이 피었습니다

이 놀이는 벽과 기둥이 있는 넓은 운동장이나 공터에서 합니다. 최소한 2명 이상의 사람이 필요합니다.

놀이를 하기 전 술래를 뽑고, 술래를 제외한 다른 사람들은 술래와 조금 멀리 떨어진 곳에 출발선을 긋고, 술래 뒤에는 도착선을 긋습니다.

이 놀이는 술래가 벽을 보고 '무궁화 꽃이 피었습니다.' 라고 외치면서 시작하게 됩니다. 그 동안 술래를 뺀 다른 사람들은 출발선부터 도착선까지 술래를 향해 최대한 가까이 다가갑니다. 술래는 '무궁화 꽃이 피었습니다.' 라는 말과 동시에 뒤를 돌아보고 움직이는 사람을 찾아내어 술래와 새끼손가락을 겁니다.

같은 방식으로 반복하다가 술래에게 들키지 않고 도착선에 도착한 사람이 술래와 건 새끼손가락을 끊어 줍니다. 그리고 출발선을 향해 최대한 도망을 가고, 출발선 안으로 들어오기 전에 술래에게 잡히는 사람은 다음 게임의 술래가 됩니다. 술래가 아무도 잡지 못하면 술래는 바뀌지 않고 계속 놀이가 진행됩니다.

1 이 게임의 이름은 무엇입니까?

_____

2 게임을 할 수 있는 장소는 어디입니까?

_____

3 게임을 할 때 필요한 사람은 몇 명인가요?

_____

4 게임의 규칙은 무엇인가요?

_____

_____

_____

5 앞의 글을 참고로 하여 친구에게 여러분이 좋아하는 놀이를 설명해 보세요.

용감한 강감찬 장군

『강감찬 장군』 이해하며 읽기

강감찬 장군은 어렸을 때 못 생겨서 친구들에게 놀림을 많이 받았어요. 그러나 공부와 무술을 열심히 연마하여 훌륭한 장수가 되지요. 이런 강감찬의 모습에 대해 여러분의 생각을 써 보세요.

용감한 강감찬 장군

01 항복할 수 없어요

※ 다음 글을 읽고 물음에 답하세요.

오래 전부터 북쪽의 거란이 자꾸 고려를 쳐들어와 고려의 강동 6주 지방을 빼앗으려고 했어요. 그래서 고려는 거란의 침입을 막느라 매우 힘들고 지쳐 있었지요.

1010년, 거란이 강동 6주를 요구하며 40만 대군을 거느리고 고려에 침입했을 때 일이었어요.

"임금님! 이제 저희는 거란의 군사를 막을 힘이 없습니다. 거란의 요구대로 강동 6주 지방을 주고 항복해야 합니다."

신하들이 임금님에게 말했습니다. 신하들의 말에 임금님은 어떻게 해야 할지 고민했습니다.

그 때 강감찬 장군이 말했습니다.

"임금님! 거란에게 항복하면 안 됩니다. 거란 군사는 나라의 땅을 빼앗고, 우리의 백성들도 괴롭힐 것입니다. 지금은 힘들지만 힘을 합쳐 오랑캐를 무찔러야 합니다."

"그럼 어떻게 해야 하느냐! 달리 방법이 없지 않느냐?"

"지금은 거란의 군사를 달래어 돌아서게 한 뒤 우리 군사의 힘을 키워 무찌르면 됩니다."

임금님은 '하공진'이라는 사람을 적에게 보내어 거란 군사들을 설득시켜 물러가게 하였어요. 높은 벼슬에 오른 강감찬 장군은 군사를 기르는 데 힘썼습니다.

1 신하들과 강감찬 장군의 의견이 어떻게 다른지 써 보세요.

장군님 멋져!

신하들의 생각	강감찬 장군의 생각

2 여러분은 항복하자는 신하들의 의견과 강감찬 장군의 의견 중 누구의 의견이 옳다고 생각하나요? 이유와 함께 써 보세요.

저는 _____ 의 의견이 옳다고 생각해요.

02 귀주 대첩의 강감찬

※ 다음 글을 읽고 물음에 답하세요.

　1018년, 소배압이 이끄는 거란 군사들이 압록강을 건너 다시 쳐들어 왔어요.
　그러나 이미 강감찬 장군은 거란을 물리칠 작전을 세워 두었어요. 거란 군사의 움직임을 미리 알게 된 강감찬 장군은 군사들에게 말했어요.
　"거란 군사들이 이곳까지 진격을 해도 공격하라는 명령이 내려질 때까지는 움직이지 마라!"
　명령을 내린 강감찬 장군은 흥화진 부근의 산 속에 고려의 군사를 숨겨 놓고, 쇠가죽을 크고 길게 이어서 계곡의 윗부분을 막았어요. 물이 내려오는 윗부분을 막아 놓으니 계곡 아래는 물이 흘러내리지 않았죠. 거란 군사들은 물이 없는 계곡을 따라 올라갔어요. 이 때 강감찬 장군이 우뢰와 같은 소리를 질렀어요.
　"막아 놓은 계곡의 둑을 모두 무너뜨려라!"
　물이 없는 보통 계곡의 길인 줄 알았던 거란 군사들은 갑자기 홍수가 밀려오자 미처 물을 피하지 못하고 떠내려갔어요.
　"물에 떠내려가는 거란 군사를 하나도 남기지 말고 무찔러라!"
　강감찬 장군은 다시 명령했어요. 거란 군사들은 물에서 허우적거리며 힘도 못써 보고 고려를 떠나고 말았답니다.
　뛰어난 계략으로 강감찬 장군이 귀주에서 크게 승리한 후, 30여 년 간 고려를 괴롭혀 오던 거란의 침입은 완전히 끝이 났답니다.

1 거란 군사를 무찌른 강감찬 장군에게 격려의 한 마디를 해 주세요.

2 신하들의 말대로 거란에게 항복을 했다면 어떻게 되었을까요?

만약에 거란에게 항복을 했다면

3 강감찬 장군에게 배울 점은 무엇인지 생각해서 써 보세요.

03 이래도 내가 어리다고?

※ 다음 글을 읽고 물음에 답하세요.

　강감찬이 어린 나이에 어느 고을의 원님이 되었을 때 일이었어요. 그 고을 아전들은 새로 온 원님의 나이가 어리다며 강감찬의 말을 비웃거나 무시하였어요.
　강감찬은 이런 아전들의 버릇을 고치기 위해 한 가지 꾀를 생각해 냈어요. 어느 날, 강감찬은 모든 아전들을 불러 모았어요.
　"저기에 있는 수수는 몇 년이나 되었기에 저리 크오?"
　아전들은 수수의 나이도 모르는 어린 사또를 무시하며 겨우 일 년 된 수수라고 말하였어요.
　"그래요? 그대들은 나이도 많고 학식도 높으니, 내 쉬운 일을 한 가지 시키겠소."
　아전들은 제깟 놈이 무슨 일을 시킨단 말인가 하며 뚱한 표정을 지었어요.
　"저기 서 있는 수숫대를 모두 소매 안에 집어넣은 다음 내 앞에 다시 모이도록 하시오."
　아전들은 자신들의 옷의 소매 안에 수숫대를 집어넣으려 애를 썼어요. 그러나 수숫대는 소매 안에 잘 들어가지 않았고, 억지로 집어 넣으려다가 옷이 찢어지기까지 했어요.
　"원님, 저 많은 수숫대를 소매 안에 넣는 것은 불가능한 일입니다."
　㉠"불가능하다고요? 그래 겨우 일 년 자란 수숫대도 소매 안에 넣지 못하면서 감히 이십 년이나 자란 나를 소매 안에 넣고 흔들려 했단 말이오?"

1 이 글의 내용으로 옳은 것은?

① 아전들이 수수를 꺾어 오지 않았다.
② 아전들이 어린 강감찬을 무서워했다.
③ 마을 사람들이 강감찬을 무서워했다.
✓ ④ 강감찬은 어린 나이에 관직에 올랐다.
⑤ 강감찬이 나쁜 도둑을 잡아 공을 세웠다.

2 강감찬은 왜 아전들에게 수수를 꺾어오라고 했나요?

① 아전들을 골탕먹이기 위해서
② 마을 사람들이 필요하다고 해서
③ 수수가 얼마나 크게 자랐는지 보기 위해서
④ 자신이 얼마나 똑똑한지 시험해 보기 위해서
⑤ 자신을 어리다고 무시하는 아전들을 혼내 주기 위해서

3 강감찬에게 혼이 난 아전들은 강감찬에 대한 생각이 어떻게 달라졌을까요?

수수를 꺾어오기 전	수숫대를 소매에 넣어 본 후

내가 병아리라고
우습게 보지 마.

4 강감찬이 아전들에게 하고 싶은 말은 무엇이었을까요? ㉠의 뜻을 써 보세요.

5 아전들을 혼내 준 강감찬의 모습과 관련된 속담을 찾아보세요.

① 티끌 모아 태산
② 작은 고추가 맵다.
③ 소 잃고 외양간 고친다.
④ 마른 하늘에 날벼락 친다.
⑤ 까마귀 날자 배 떨어진다.

6 강감찬을 어리다고 무시한 아전들에게 따끔한 충고의 한 마디를 해 주세요.

독서plus | 호랑이를 물리친 강감찬

※ 다음 만화를 보고 물음에 답하세요.

1 호랑이는 왜 사람을 헤치고 괴롭혔나요?

2 만약에 내가 강감찬이었다면 사람을 괴롭히는 호랑이를 어떻게 할 것인지 생각해서 써 보세요.

내가 강감찬이었다면

3 "호랑이는 안심을 하고 떠날 수 있었습니다."라고 이야기가 끝맺음 될 수 있도록 ㉠에 들어갈 내용을 상상해서 써 보세요.

내 생각 어때요

『말하기·듣기』·『읽기』 – **넷째 마당 (1)**「내 의견」**(2)**「서로 다른 생각」

좋아! 좋아!

입장을 바꿔 생각해 봐요

말하기 듣기 교과서 60~68쪽 | 학습 목표: 바른 자세와 알맞은 목소리로 내 생각을 말할 수 있다.

1. 여우와 두루미의 이야기를 친구들에게 들려 주세요.

2. 그림 ㉠과 ㉡에 들어갈 알맞은 말을 써 보세요.

3 이야기 속의 여우와 두루미의 행동에 대해 여러분은 어떻게 생각하나요?

• 여우의 행동 : _____

_____

• 두루미의 행동 : _____

_____

4 여우와 두루미가 사이좋게 지낼 수 있도록 여우와 두루미에게 충고해 주세요.

얘들아! 내 말을 들어 봐.

_____

_____

5 다른 사람의 입장에서 생각하지 않고 내 입장에서만 생각해서 마음이 상했던 경험을 말해 보세요.

_____

_____

_____

※ 다음 그림을 보고 물음에 답하세요.

1. 보기는 왜 감나무 밑에 누워 있었나요?

2. 보기의 행동에 대한 여러분의 생각을 써 보세요.

내 눈으로 보는 교과서 02 | 가리키는 말을 알아봐요

읽기 교과서 86쪽 | 학습 목표 : 가리키는 말에 대하여 알아본다.

※ 다음 글을 읽고 물음에 답하세요.

*글의 종류 생활문
*중심 글감 장난감 자동차
*중심 생각 비가 와서 친구들과 놀 수 없어 서운한 마음

① 아버지께서 동생에게 장난감 자동차를 사 주셨습니다. 동생은 장난감 자동차를 좋아합니다. 동생은 늘 장난감 자동차만 가지고 놉니다.

② 아버지께서 동생에게 장난감 자동차를 사 주셨습니다. 동생은 그것을 좋아합니다. 동생은 늘 그것만 가지고 놉니다.

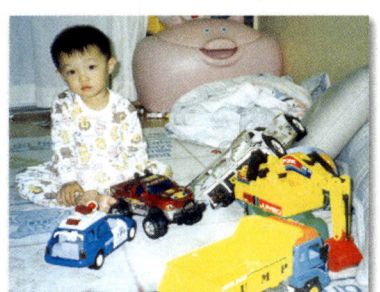

1 가리키는 말이 들어 있는 글은 ①과 ② 중 어느 것인가요?

②

2 이 글에서 가리키는 말을 찾아보고 무엇을 가리키는 것인지 써 보세요.

가리키는 말	가리키는 것

3 가리키는 말을 쓰면 어떤 점이 좋은지 써 보세요.

4 밑줄 친 부분을 가리키는 말을 넣어 바꿔 써 보세요.

떡볶이가 제일 좋아!

　제가 좋아하는 음식은 떡볶이입니다. 특히 엄마가 해 주신 떡볶이를 가장 좋아합니다. 쫄깃쫄깃한 떡에 빨간 고추장과 양파, 파, 어묵, 계란이 들어 있는 떡볶이가 너무 맛있습니다.

　오늘은 엄마가 제가 좋아하는 라면을 넣어서 만들어 주셨습니다. 오늘은 특히 더 맛있었습니다.

　그런데 6살인 제 동생은 떡볶이를 싫어합니다. 왜냐 하면 떡볶이가 너무 매워서 싫다고 합니다. 엄마가 동생을 위해 떡볶이를 맵지 않게 만들어 주셔도 제 동생은 떡볶이가 맵다고 합니다. 저는 하나도 맵지 않은데 제 동생은 왜 떡볶이가 맵다고 하는지 잘 모르겠습니다. 그래서 가끔 엄마에게 물에 떡볶이를 씻어서 달라고 할 때도 있습니다.

1 〈보기〉에서 가리키는 말을 알맞게 찾아 써 보세요.

| 보기 |
저기, 저것, 이분, 저 사람, 그것, 이것, 여기

- 사람을 가리키는 말 : _____
- 물건을 가리키는 말 : _____
- 장소를 가리키는 말 : _____

2 〈보기〉와 같이 가리키는 말을 사용하여 짧은 글을 써 보세요.

| 보기 |
- 사람을 가리키는 말 : 너와 나는 혜민이네 집에 가야 해.
- 물건을 가리키는 말 : 그것은 교실 청소함 속에 두어야 해.
- 장소를 가리키는 말 : 그래, 그럼 12시에 여기에서 만나자.

- 사람을 가리키는 말 : _____
- 물건을 가리키는 말 : _____
- 장소를 가리키는 말 : _____

내 생각을 들어 봐!

읽기 교과서 95~97쪽 | 학습 목표 : 대강의 내용을 생각하며 글을 읽어 본다.

※ 다음 글을 읽고 물음에 답하세요.

*글의 종류 생활문
*중심 글감 김치
*중심 생각 영양가 있는 우리 고유의 음식인 김치를 많이 먹자.

김치가 좋아요

김치는 우리 나라 사람들이 옛날부터 먹던 음식이다. 이제는 외국 사람들도 김치를 좋아해서 많이 먹는다고 한다.

김치에는 갖가지 양념이 들어가서 맛도 좋고 영양가도 높다. 그리고 종류도 여러 가지여서 입맛에 따라 골라 먹을 수 있다.

나는 김치를 좋아한다. 나는 김치가 없으면 밥맛이 나지 않는다.

그런데 요즈음에는 김치보다 햄을 더 좋아하는 친구들이 많다. 내 친구 윤주도 김치보다 햄을 더 좋아한다. 친구들이 김치를 즐겨 먹었으면 좋겠다고 생각한다.

1 김치의 좋은 점은 무엇인가요?

2 글쓴이의 의견은 무엇인가요?

※ 다음 글을 읽고 물음에 답하세요.

자동차 사용을 줄이자

2학년 3반 윤한봄

자동차는 편리한 기계이다. 먼 곳도 쉽고 편리하게 갈 수 있게 해 주고, 무거운 물건도 쉽게 나를 수 있게 해 주기 때문이다.

그러나 사람들은 점점 걸어다니지 않고, 가까운 거리도 자동차로 다니기 시작했다. 그래서 지금은 자동차가 너무 많아 문제가 생기게 되었다.

차도에 차가 많아져서 길이 막히고, 복잡해졌다. 또 운전을 하거나 자동차를 타게 되면 앉아 있기 때문에 운동 신경도 둔해지게 된다. 그리고 자동차 경적 소리 때문에 시끄럽고 매연에 의해 공기가 나빠지며 산성비가 내리게 돼서 자연을 오염시킨다.

이렇게 자동차는 편리함을 주기도 하지만 우리에게 피해를 주기도 한다.

그래서 나는 자동차를 꼭 필요할 때만 사용하고, 가까운 거리는 걸어 다니거나 자전거를 타면 운동도 되고 좋을 것이라고 생각한다.

1 한봄이의 의견은 무엇인가요?

2 한봄이는 자동차의 좋은 점을 무엇이라고 했나요?

_____

_____

3 자동차가 많아져서 생긴 문제는 무엇이 있는지 모두 찾아써 보세요.

_____

_____

_____

4 자동차 사용을 줄이기 위한 방법을 생각해 보고, 어떻게 해야 하는지 써 보세요.

_____

_____

_____

_____

신나는 여름 방학

『바른생활』 – 8단원 「보람 있는 여름 방학」

신나는 여름이에요.
'여름' 하면 떠오르는 것을 모두 말해 보세요.

Step 01 야호! 신나는 여름 방학이다!

※ 친구들이 여름 방학이 되면 하고 싶은 일에 대해 이야기하고 있어요. 잘 읽고 물음에 답하세요.

자영: 나는 여름 방학 때 수영을 배워서 동생에게 가르쳐 줄 거야. 그래서 동생이랑 바다도 가고, 수영장도 가서 재미있게 놀고 싶어.

지훈: 방학 때, 나는 열심히 공부를 할 거야. 못 외웠던 구구단도 외우고, 영어도 열심히 공부할 거야. 또 피아노도 배울 거야. 엄마가 피아노보다 태권도를 배우라고 하시지만 피아노를 배워서 멋지게 학예회 때 연주하고 싶거든.

수영: 나는 여름 방학 때 가족들이랑 함께 여행을 하고 싶어. 방학을 했으니까 부모님하고 가보고 싶었던 놀이동산, 바닷가, 할머니 댁에 놀러가서 재미있게 놀고 싶거든. 도시락도 먹고, 꽃과 풀도 관찰하고, 사진도 찍고, 어때? 재미있겠지?

1 이 글의 내용과 <u>다른</u> 것은?

① 자영 : 난 수영을 배우고 싶어.
② 지훈 : 공부를 열심히 할 거야.
③ 수영 : 가족과 함께 여행을 하고 싶어.
④ 자영 : 할머니 댁에 가서 사진을 찍을 거야.
⑤ 지훈 : 피아노를 배워서 멋지게 연주하고 싶어.

나도 방학 할래.

2 수영이는 가족과 함께 여행을 가고 싶다고 했어요. 여행을 하기 위해 수영이가 준비해야 할 것을 두 가지만 써 보세요.

여행을 가기 위해서는 _____

_____ 을 준비합니다.

3 여름 방학이 되면 하고 싶은 일을 생각해 보고, 계획을 세워 보세요.

내가 가고 싶은 곳	
언제	
어디로	
누구와 함께	
준비물	

내가 하고 싶은 일	
언제	
어디에서	
누구와 함께	
준비물	

Step 02 아! 방학이 없었으면 좋겠어요

※ 다음 글을 읽고 물음에 답하세요.

방학이 없었으면

2학년 1반 송승철

드디어 여름 방학이 되었다. 학교에 안 가도 되니까 늦잠도 자고, 친구들과 마음껏 놀고 싶다. 하지만 공부를 해야 한다. 학원도 가야 되고, 방학 숙제도 해야 한다.

왜 방학 때 숙제를 해야 할까? 방학이면 좀 쉬어야 되는데 어른들은 '공부해라!' 라고만 하신다.

방학이 있어도 학교에 다닐 때와 완전히 똑같다. 쉬지도 못하는데 방학은 왜 있는 것일까? 차라리 난 방학이 없었으면 좋겠다.

언제나 숙제도 없고 학원에 안 가도 되는 방학이 올까? 그 때는 언제일까?

어서 그런 날이 왔으면……. 더 이상 바랄 게 없을 것이다.

1 승철이는 왜 방학이 없었으면 좋겠다고 생각했나요?

① 매일 놀고 싶기 때문에
② 학교 가는 길이 즐겁기 때문에
③ 친구들이 모두 여행을 가기 때문에
④ 방학을 해도 학교에 가야하기 때문에
∨⑤ 방학을 해도 공부 때문에 쉬지 못하기 때문에

2 혹시 여러분도 승철이와 같은 생각을 하고 있나요? 아니면 다른 생각을 하고 있나요? 왜 그렇게 생각하는지 이유를 써 보세요.

· 여행을 할 수 있다.

· 학원에 많이 다녀야 한다.

3 방학을 하는 이유는 무엇이라고 생각하나요? 그렇다면 나는 방학을 어떻게 보내야 할까요?

Step 03 | 이런 숙제가 하고 싶어요

※ 다음 글을 읽고 물음에 답해 보세요.

방학 때 하고 싶은 숙제

2학년 8반 이혜민

　나에게는 이번 여름 방학 때, 하고 싶은 숙제가 한 가지 있다. 바로 중국의 만리장성을 직접 보러 가는 것이다. 만리장성은 세계에서 제일 긴 성이라고 한다. 만리장성은 달에서도 보일 정도로 길다고 한다. 정말 얼마나 긴지 직접 보고 싶다.

　그런데 아버지께 이 말씀을 드리니, 아버지께서는
"글쎄, 아빠가 회사 일이 바빠서 시간이 될지 모르겠구나."
라고 하셨다.

　혹시 방학 동안 만리장성을 가 보지 못하더라도 책과 인터넷을 보면서 만리장성에 관한 공부를 할 것이다. 그리고 다음에 아빠와 구경하러 가게 되었을 때 내가 설명을 해 드릴 것이다.

1 혜민이가 하고 싶은 방학 숙제는 무엇이고 왜 하고 싶어하나요?

2 만약에 만리장성에 못가게 되면 혜민이는 어떻게 하겠다고 했나요?

3 선생님이 되어 학생들에게 숙제를 내 준다면 어떤 숙제를 내 주고 싶은지 세 가지만 써 보세요.

내가 만약 선생님이라면 이런 숙제를 내 줄 거예요.

첫째, _____

둘째, _____

셋째, _____

4 3번의 답 중에서 하고 싶은 숙제 한 가지를 정하여 그 이유를 써 보세요.

전 _____ 숙제가 하고 싶어요.

왜냐하면 _____

5 하고 싶은 숙제가 나에게 어떤 도움을 줄 수 있는지 이야기해 보세요.

영재 plus — 나의 생활을 반성해 보아요

※ 다음 글을 읽고 나의 모습을 생각해서 써 보세요.

1 지금 나의 옷차림은 어떤가요?

_____

2 나의 책상은 잘 정돈되어 있나요?

_____

3 학용품과 그 밖의 다른 물건들을 아껴서 썼나요?

_____

4 바르고 고운 말을 사용하여 이야기하나요?

_____

5 이웃 어른들께 공손하게 인사는 했나요?

_____

6 텔레비전은 하루에 몇 시간 보나요?

_____

7 나의 할 일은 스스로 했나요?

_____

8 2학기가 되면 꼭 고치고 싶은 버릇이나 행동을 이야기해 보세요.

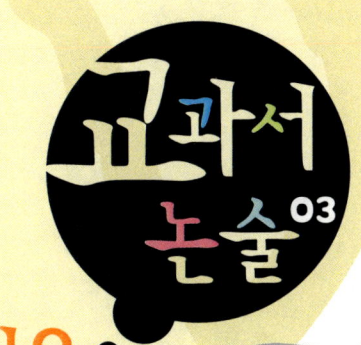

상상의 나라로 떠나요

『말하기 · 듣기』 · 『읽기』 — 다섯째 마당 (1) 「마음의 선물」 (2) 「꿈을 가꾸는 동산」

나는 닭이다!

내 눈으로 보는 교과서 01

떡 먹기 내기

말하기 | 듣기 교과서 86~89쪽 | 학습 목표: 등장 인물들의 말과 행동을 바탕으로 장면을 떠올려 본다.

※ 다음 글을 읽고 물음에 답하세요.

내용풀이

* 글의 종류 동화
* 중심 글감 떡

낱말풀이

❶ 내기 : 이기고 짐을 겨루는 일
❷ 노루 : 사슴과의 동물로 겁이 많은 동물. 뿔은 수컷에만 있고, 세 개의 가지로 되어 있다. 몸빛은 여름에는 불그스름하다가 겨울에 흙빛으로 바뀌며 엉덩이에 희고 큰 반점이 나타난다.

옛날 옛적에 항상 코를 잘 흘리는 코흘리개와 항상 눈을 비비는 눈첩첩이와 머리가 항상 가려워서 머리를 잘 긁는 박박이가 살고 있었습니다. 그러던 어느날 떡을 얻게 되었는데 딱 한 접시뿐이었습니다.

떡 한 접시를 상 위에 올려놓고 내기에서 이긴 사람이 한 접시를 몽땅 먹기로 했습니다. 누구든지 코를 닦거나 눈을 비비거나 머리를 긁지 않고 오래 참는 사람이 떡을 먹기로 한 내기였습니다. 세 친구는 모두 떡을 먹고 싶은 마음에 꾹꾹 참고 있었습니다.

그런데 박박이가 머리가 너무 가려웠습니다. 그래서 꾀를 내었습니다. 박박이는

"내가 뒷산에서 노루를 봤는데, 여기에도 뿔이 돋고 여기에도 돋고 저기에도 돋고……."

하며 머리의 가려운 곳 여기저기를 주먹으로 쳤습니다. 그랬더니 이번에는 코흘리개가 말했습니다.

"그때 내가 총이 있었으면 이렇게 탕탕 쏘았을 걸."

하고 총 쏘는 흉내를 내며 옷소매로 코를 쓱쓱 닦았습니다. 이번엔 눈첩첩이도

"안 돼, 총을 쏘면 안 돼."

하고 말하면서 손을 휘휘 내저어 눈을 비볐습니다.

1 이야기 속에 등장하는 주인공들의 버릇이 무엇인가요?

 코흘리개

 눈첩첩이

 박박이

2 세 친구는 무슨 내기를 하였나요?

3 세 친구들이 어떤 말을 했는지 ㉠~㉢의 빈 칸을 채워 보세요.

4 세 친구 중 떡을 먹은 사람은 누구일까요? 뒷이야기를 여러분이 상상해서 써 보세요.

_____

_____

_____

5 여러분도 친구들과 내기를 해 본 적이 있나요? 그 경험을 이야기해 보세요.

---

1 나만의 특이한 버릇이 있다면 어떤 것이 있는지 말해 보고, 어떤 때에 그 행동이 나오는지 써 보세요.

저는 _____ 이(가) 있어요.

이 버릇은 _____

_____

_____

장면을 떠올려 보아요 1

읽기 교과서 120~121쪽 | 학습 목표 : **시를 읽고 떠오르는 장면을 표현해 본다.**

다음 글을 읽고 물음에 답하세요.

*글의 종류 시
*중심 글감 낙서하는 동생

개구쟁이 낙서

개구쟁이 내 동생
낙서를 한다.

철로 없는 땅에 기차가 달리고
파아란 하늘엔 돛단배가 두둥실.

호랑이 닮은 고양이가 하품을 하고
고래만한 붕어는 입술만 뻐끔뻐끔.

개구쟁이 내 동생 귀엽기는 하지만
줄어드는 도화지에 ㉠ 내 가슴은 콩닥콩닥.

1 동생이 낙서한 내용을 표현한 부분을 찾아 써 보세요.

_____

_____

2 ㉠ '내 가슴은 콩닥콩닥' 이라고 한 부분은 지은이의 어떤 마음을 표현한 것인가요?

_____

3 이 시에서 흉내내는 말을 찾아 써 보세요.

_____

4 이 시를 읽으면 어떤 장면이 떠오르는지 써 보세요.

_____

_____

5 시를 읽은 후의 느낌을 써 보세요.

_____

_____

_____

※ 다음은 우리 나라의 전래 동요입니다. 잘 읽고 물음에 답하세요.

자장자장 자는구나.
우리 아기 잘도 잔다.

은자동아 금자동아,
수명장수 부귀동아.

은을 주면 너를 살까,
금을 주면 너를 살까.

국가에는 충신동이,
부모에게 효자동이,
형제간에 우애동이.

둥둥둥둥 둥둥둥둥
우리 아기 잘도 잔다.

1 이 노래는 어떤 때에 부르는 노래일까요?

---

2 이 노래를 읽고 어떤 모습이 떠올랐나요?

장면을 떠올려 보아요 2

읽기 교과서 122~123쪽 | 학습 목표 : **장면 떠올리며 시를 읽어 본다.**

※ 다음 시를 읽고 물음에 답하세요.

* **글의 종류** 시
* **중심 글감** 아기, 나비

아기와 나비

아기는 술래
나비야, 달아나라.

조그만 꼬까신이 아장아장
나비를 쫓아가면

나비는 훠얼훨
"요걸 못 잡아?"

아기는 숨이 차서
풀밭에 그만 주저앉는다.

"아기야,
내가 나비를 잡아 줄까?"

길섶의 민들레가
방긋 웃는다.

1 이 시에서 아기는 무엇을 하고 있나요?

_____

2 이 시에서 아기의 모습을 표현한 부분을 모두 찾아 쓰세요.

_____

3 이 시에서 흉내말을 찾고, 무엇을 표현한 것인지 써 보세요.

_____

※ 다음 사진을 보고 물음에 답하세요.

1 이 사진들을 보고 떠오르는 계절을 써 보세요.

2 '여름' 하면 떠오르는 느낌을 써 보세요.

3 사진과 2번을 참고해서 여름에 관한 시를 써 보고, 시와 어울리는 그림도 함께 그려 보세요.

태양은 중요해요

『슬기로운 생활』 - 4단원 「빛과 그림자」

스핑크스가 내는 문제의 정답은 무엇일까요?

교과서 탐구
태양은 중요해요

그림자를 그려 보아요!

슬기로운생활 교과서 40~51쪽 | 학습 목표 : 그림자에 대해 알아봅니다.

※ 다음 그림을 보고 물음에 답하세요.

1 이 그림에서 이상한 점을 찾아 써 보세요.

_____

_____

2 이 그림에 그림자를 그려 넣어 주세요. 태양의 방향을 생각해서 그림자의 방향도 달라진다는 것에 주의하세요.

3 그림자가 생기려면 무엇이 필요한지 써 보세요.

그림자가 생기려면

첫째, _____ 이(가) 필요해요.

둘째, _____ 이(가) 필요해요.

4 다음을 잘 보고, 무엇의 그림자인지 써 보세요.

①

②

③

④

Step 01 그림자의 모양이 달라져요!

※ 다음 이야기를 읽고 물음에 답하세요.

늑대가 나가신다

어느 날, 저녁 무렵 길을 걷던 늑대 한 마리가 길에 비친 자신의 그림자를 보고 놀랐습니다.
"우와! 내가 이렇게 크다니."
늑대는 너무 기뻤습니다.
해가 서쪽 하늘로 기울어지자 늑대의 그림자는 점점 더 길어지고 커졌습니다.
"야, 이것 봐라. 내가 점점 커지네."
㉠ 해가 머리 위에 있는 한낮과 해가 지기 시작하는 저녁에는 그림자의 길이가 달라진다는 것을 모르는 늑대는 길어진 자신의 그림자가 진짜 자기의 모습인 줄 알았던 것이죠.
"나는 정말 크고 훌륭하구나! 동물의 왕 사자보다도 큰 걸!"
늑대는 몸을 뒤로 젖히고 우쭐해하며 걸었어요.
"음! 오늘부터 이 늑대님이 동물의 왕이다!"
하고 혼잣말을 했어요.
그리고 점잔을 빼며 당당한 발걸음으로 걸어다녔습니다.
"이젠 사자도 무섭지 않아. 사자야, 나오너라! 내가 해치워 주마!"
그런데 나무 뒤에서 그 모습을 가만히 지켜보던 사자가 늑대 앞에 불쑥 나타났습니다.
"네가 나를 이길 수 있다고? 나를 어떻게 이긴다는 거지? 어흥!"
갑자기 나타난 사자를 보고 놀란 늑대는 그만 기절하여 쓰러지고 말았답니다.

늑대 바보

1 늑대가 자신을 동물의 왕이라고 생각하게 된 까닭은 무엇인가요?

_____

2 늑대의 그림자는 태양의 위치에 따라 어떻게 바뀌었나요? ㉠을 잘 읽고 그림으로 그려 보세요.

잠깐! 낮과 밤이 생기는 이유는요!

낮과 밤은 어떻게 생기는 것일까요? 우리의 눈으로 보기에는 우리는 가만히 있지만 태양이 움직여서 낮과 밤이 생기는 것으로 보이지요? 그래서 옛날의 어떤 사람들은 지구는 네모이고, 태양과 별들이 움직이는 것이라고 믿었답니다.

그런데 과학이 발달하면서 동그랗게 생긴 지구가 태양을 중심으로 서쪽에서 동쪽으로 하루에 한 바퀴씩 자전하고, 태양의 주위를 공전한다는 사실을 알아냈지요. 그렇기 때문에 낮과 밤이 생기고, 우리 나라처럼 봄·여름·가을·겨울과 같은 계절도 생기는 것이랍니다.

Step 02 | 만약, 태양이 뜨지 않는다면

※ 다음 글은 재민이의 일기예요. 글을 읽고 물음에 답하세요.

2010년 5월 19일

어젯밤에 나는 이상한 꿈을 꾸었다.
꿈 속에서 난 잠을 자고 있었다. 그런데 잠을 오래 잔 것 같은데 창 밖을 보니 계속 깜깜한 밤이었다.
따르릉! 따르릉!
학교에 가기 위해 맞춰 놓은 시계가 울렸다.
"어? 아직 밤인데 왜 시계가 울리지? 고장났나? 엄마한테 고쳐 달라고 해야겠다."
이렇게 생각하고 난 다시 잠이 들었다.
사람들이 웅성웅성 떠드는 소리가 들리고, 엄마가 나를 깨우는 소리가 들렸다.
눈을 비비며 밖을 나가 보니, 아직도 밖은 깜깜했다.
"엄마 왜 이렇게 깜깜해?"
라고 물어 보았다.
"태양이 뜨지 않아서 그렇단다. 왜 태양이 안 떴는지 엄마도 잘 모르겠어."
하며 나를 꼭 안아 주셨다.
㉠ 태양이 안 떠서 깜깜한 밤만 계속된다면 어떻게 될까?

1 재민이는 어떤 꿈을 꾸었나요?

_____

_____

2 ㉠과 같이 된다면 우리의 주변은 어떻게 달라질까요? 상상해서 써 보세요.

만약에 태양이 뜨지 않는다면

첫째, _____

둘째, _____

셋째, _____

3 우리는 태양이 없으면 살 수 없어요. 태양이 우리에게 어떤 도움을 주는지 생각해서 세 가지만 써 보세요.

첫째, _____

둘째, _____

셋째, _____

밤도 중요해!

4 밤이 없어지고 낮만 계속된다면 우리의 주변에는 어떤 일이 일어날까요? 그 모습을 그림으로 그려 보세요.

잠깐! 밤이 없는 날도 있대요!

러시아와 스칸디나비아에서는 태양이 지지 않고 하루 종일 떠 있는 날이 있어요. 그것을 '하얀 밤'이라는 뜻으로 '백야(白夜)'라고 부른답니다.

하루 24시간 중 낮이 21시간이고 밤이 3시간 정도이며, 가장 긴 곳은 6개월 동안이나 계속해서 백야 현상이 생기기도 한답니다.

백야 현상은 지구가 23.5°도 약간 기울어진 상태에서 태양의 주변을 자전하고 있기 때문에 생기는 현상이랍니다.

백야 현상이 일어난 지역에서는 밤이 되도 깜깜해지지 않기 때문에 잠을 쉽게 청할 수가 없어 맥주를 많이 마신다고 합니다.

내 생각을 들어 봐

『쓰기』- 넷째 마당 「내 생각 어때요.」

고양이가 왜 저렇게 누워 있는 것일까요?
그 이유를 생각해 보고, 친구들과 비교해 보세요.

내가 가고 싶은 곳

쓰기 | 교과서 60~77쪽 | 학습 목표: **자신이 가고 싶은 곳을 이유와 함께 이야기해 본다.**

※ 현장 학습을 가려고 해요. 다음 사진들을 보고 어떤 곳으로 현장 학습을 가면 좋을지 생각해 보세요.

①
과학관

②
동물원

③
전쟁 기념관

④
수목원

⑤
자동차 전시관

⑥
민속촌

1 이 사진들을 보고, 여러분이 가 보고 싶은 곳을 모두 고르세요.

2 1번에서 적은 것 중에 한 가지를 골라 가 보고 싶은 이유를 두 가지만 써 보세요.

첫째, _____

둘째, _____

3 1~2의 답을 정리하여 쓰고, 친구들 앞에서 발표해 보세요.

나는 _____ 에 가 보고 싶어요.

왜냐하면 _____
_____
_____

4 친구는 어떤 곳에 가 보고 싶다고 하였나요? 친구의 의견을 잘 듣고 친구가 가 보고 싶은 곳과 이유를 써 보세요.

제 친구 _____ 는 _____ 에 가 보고 싶대요.

왜냐하면 _____
_____
_____

내가 좋아하는 만화

※ 다음은 혜민이가 좋아하는 만화 영화에 대한 글입니다. 다음 글을 잘 읽고 물음에 답하세요.

기동이가 좋아요

나는 '기동아 부탁해' 라는 만화를 좋아한다.

이 만화는 '기동이' 라는 아이가 귀신과 이야기를 하게 되면서 귀신들이 살아있었을 때 못했던 일이나 하고 싶은 일들을 기동에게 부탁을 하고 기동이는 그 부탁을 들어주는 이야기이다.

이 만화를 좋아하는 이유는 기동이가 귀신들의 부탁을 들어주려고 노력하는 모습이 기특하기 때문이고, 두 번째 이유는 기동이가 엄마한테 매일 말 안 듣는다고 혼나는데 그 모습이 나와 비슷하기 때문이다.

이 만화 중에 가장 기억에 남는 내용은 아들의 크리스마스 선물로 야구 글러브를 사 오다 강에 빠져 죽은 아저씨의 이야기이다.

가난한 아저씨가 아들을 위해 오랫동안 돈을 모아 야구 글러브를 샀는데 그것을 받은 아들이 좋아하는 모습도 보지 못하고 죽었으니 얼마나 마음이 아팠을까? 눈물이 핑 돌았다.

1 혜민이가 좋아하는 만화의 제목과 좋아하는 이유는 무엇인가요?

· 제목 :

· 좋아하는 이유 :

2 '기동아 부탁해' 만화 중에 혜민이의 기억에 남는 내용은 어떤 것이었나요?

_____

_____

3 내가 좋아하는 만화를 소개해 보세요.

주인공의 모습을 그림으로 그려 보세요.

• 만화의 제목은?

_____

• 만화의 주인공은?

_____

• 그 만화를 좋아하는 이유는?

_____

• 기억에 남는 이야기는?

_____

_____

_____

토끼의 꼬리는 왜 짧을까요?

※ 다음 글을 읽고 물음에 답하세요.

토끼의 꼬리가 치렁치렁하게 길던 옛날, 꼬리가 긴 토끼가 강가에 놀러 나왔다가 강 건너에 있는 홍당무 밭을 보았어요. 토끼는 홍당무가 너무 먹고 싶었지만 강을 건널 다리도, 배도 없었어요.

그 때 강가를 지나가는 악어를 보고, 토끼는 한 가지 꾀를 생각해 냈어요.

"악어야, 너는 왜 혼자서 노니? 친구가 없니?"

"아니야, 난 친구가 많아!"

"거짓말. 정말 친구가 많다면 어디 한 번 데리고 와 봐."

잠시 후, 악어는 친구들을 모두 모아서 데리고 왔어요.

"우아! 정말 넌 친구가 많구나. 몇 명인지 세어 볼 테니까 한 줄로 서 봐."

토끼의 말에 악어와 친구들은 신이 나서 한 줄로 쭉 섰어요.

"하나, 둘, 셋, 넷, 다섯……."

토끼는 악어의 등에 올라가서 숫자를 세면서 폴짝폴짝 뛰어넘기 시작했어요. 그리고는 강 저쪽에 있는 마지막 악어의 등에 오르자 이렇게 소리쳤어요.

"야! 악어야! 난 강 건너에 있는 홍당무를 먹고 싶었거든. 그래서 너희들을 몽땅 불러 모은 거야. 약오르지? 하하하."

악어는 토끼에게 속았다는 것을 알고 너무나 화가 났어요. 그래서 큰 입을 벌려 토끼의 긴 꼬리를 덥썩 물었답니다.

"아야야야……."

탐스럽게 길던 토끼의 꼬리가 톡 잘려 나갔어요. 이때부터 토끼의 꼬리는 아주 짧아졌답니다.

1 토끼가 왜 악어의 친구들을 불러 모은 것일까요?

토끼가 악어의 친구들을 불러 모은 이유는요!

2 토끼의 꼬리는 왜 짧아졌다고 하였나요?

3 홍당무를 먹기 위해 악어를 속인 토끼의 행동에 대해 어떻게 생각하나요? 토끼에게 따끔한 충고를 한 마디 해 주세요.

그렇게 된 이유는요!

※ 토끼의 꼬리가 짧아진 이유를 재미있는 이야기로 꾸며 보세요.

논술plus │ 그림자 연극을 만들어 보아요

※ 다음 글을 읽고 물음에 답하세요.

바다로 간 커다란 올챙이

먹이를 찾던 독수리가 엄마고래와 아기고래가 파란 바다 위를 헤엄치는 모습을 보고, '쌩' 하고 날아가 커다랗고 날카로운 발톱으로 아기고래를 낚아챘어요.

"안 돼! 우리 아기를 돌려 줘!"

엄마고래가 소리쳤지만 이미 독수리는 멀리 날아간 후였어요.

한참을 날아간 독수리는 아기고래가 점점 무거워지기 시작했어요.

"어휴! 너무 무거워. 어떻게 해야 하지? 어?"

독수리는 그만 아기고래를 개구리들이 사는 숲 속의 작은 연못에 떨어뜨리고 말았어요.

"아니 무슨 일이야? 헉! 큰 올챙이가 하늘에서 떨어졌잖아!"

연못에서 놀고 있던 개구리들이 떠들어댔어요. 그리고 그 큰 올챙이에게 자신들이 깔리게 될까 봐 무서웠어요.

이 모습을 지켜본 원숭이는 개구리들을 도와 주기 위해 높은 나무 위로 올라가 아주 넓은 연못을 찾아냈어요.

"그래! 강을 따라 내려가면 저 연못에 갈 수 있겠구나."

커다란 올챙이가 하늘에서 떨어졌다는 소문을 들은 숲 속의 동물들이 모두 모였어요. 동물들은 연못을 강으로 연결시키기로 했어요. 곰과 멧돼지는 땅을 파고 원숭이와 너구리는 돌을 나르고, 사슴은 뿔을 이용해서 큰 돌을 치웠어요.

"야호! 드디어 연못이랑 강이 이어졌다. 올챙이야! 이 강을 따라가면 ㉠**큰 연못**이 나오거든. 그 곳에 가면 네 엄마를 만날 수 있을 거야. 어서 가거라."

나도 크고 싶어!

1 개구리들이 왜 아기고래를 큰 올챙이라고 생각 했을까요?

2 숲 속의 동물들이 말하는 ㉠ '큰 연못'은 무엇일까요?

3 아기고래를 도와 준 숲 속의 동물들에게 칭찬의 말을 해 주세요.

4 이 이야기를 그림자 연극으로 하려고 해요. 이야기 속의 한 장면을 상상하여 그림자로 그려 보세요.